1. Auflage
Copyright 2023 by Vasumitra Wolf
e-Mail: info@welten-wanderer.de
www.welten-wanderer.de

Die Vervielfältigung meiner Texte ist,
bei Angabe der Quelle, ausdrücklich erwünscht.

ISBN: 978-3-7322827-39

Herstellung und Verlag: BoD – Books on Demand, Norderstedt

Vasumitra

Tropfen der Weisheit

Ein Lebebuch

DANKE

an die Existenz,
die mich ein Teil von ihr sein lässt.

an meine Eltern,
die meiner Entwicklung nicht im Wege standen

an Alle,
die mich ein Stück durch das Leben begleitet haben

an meine Probleme,
die mich bei der Bewältigung wachsen ließen

an Laura,
die seit langer Zeit an meiner Seite ist

Sollte ich noch was vergessen haben,
dann danke ich auch dafür.

Vasumitra

Vorwörter

Die **„Tropfen der Weisheit"** sind meiner
eigenen Lebenserfahrung entsprungen
und geben meine Wahrheit wieder.
Ob es auch zu „deiner" Wahrheit wird,
mögest du selbst herausspüren.

**Es ist eigentlich gar kein Lesebuch,
sondern eher ein Lebebuch.**

Das Buch ist keine Lektüre, die man an
einem Stück, wie vielleicht einen Roman,
lesen sollte, sondern, so wie einen guter
alter Wein nicht in einem Zug geleert wird,
sollte man die „Tropfen der Weisheit"
Tropfen für Tropfen genießen
und wirken lassen.

Nur so können sich dir die Aromen bzw,
die Erkenntnisse in der Weise erschließen,
dass sie in dir wirken können.

Auch solltest du deinem Verstand beim
Erspüren des Buches immer etwas Urlaub
gönnen, da es rein gar nichts zu verstehen
gibt, aber sehr viel zu erspüren.

52 Einsichten warten auf dich und
dass das Jahr 52 Wochen hat, ist natürlich
kein Zufall.
Wenn du eine Einsicht liest, dann wäre es toll,
wenn dich diese Erkenntnis 1 Woche lang
begleiten würde, bevor du zur nächsten
Erkenntnis übergehst.

Dann wird aus dem Lesebuch ruck-zuck
ein Lebebuch!

So erfüllt mich der Gedanke, dass du von
meinen Lebenserkenntnissen berührt wirst
und das Büchlein dich dann 1 Jahr lang
begleiten wird. Wie schön!

.... und schon geht es los!

BEWUSSTHEIT
ist der göttliche Samen in dir

Bewusstheit ist der Ursprung -
die Quelle allen SEINS !

Was wäre ein Sein ohne Bewusstheit ?
Um ein liebevolles, friedliches
und erfülltes Leben zu leben,
reicht es zu spüren, das man ist.

Die Vertreibung aus dem Paradies
ist eine Parabel, die aufzeigt was passiert,
wenn man sich von der Frucht des Egos
verführen lässt:

„Ich bin ja ganz anders als der Andere.
Ich bin hier und er ist dort!"

Damit beginnt die Trennung
und somit die Vertreibung aus der Einheit,
dem Paradies.

Um den göttlichen Samen zu nähren,
reicht die Erkenntnis

„ICH BIN"

vollkommen aus!

HINZUFÜGEN

Um dich selbst zu finden, brauchst
du dir nichts hinzuzufügen....
ganz im Gegenteil

Du wirst geboren und .... bist !
Als dieser Mensch bist du nun
auf dieser schönen Erde.

Was fehlt? Nichts fehlt!

Du bist so wie du bist vollkommen.
Leider haben die Menschen und die Kultur
in die du geboren wurdest,
die komische Idee dir etwas zufügen
zu müssen und reden dir ein,
wie du zu sein hast.

Deine Eltern wünschen sich eine möglichst
exakte Kopie von sich selbst.
Die Gesellschaft und die Industrie
möchte funktionierende Menschen
produzieren.

NICHTS FEHLT

Sie geben dem kleinen Menschen,
dem Kind,
keine Zeit sich so zu entwickeln,
wie es seinem Potential entspricht.

Später geht der Mensch dann auf die Suche
nach sich selbst und versucht mühevoll
wieder all die Dinge los zu werden,
die ihm von Außen aufgebürdet wurden.

**Füge dir auf dieser Suche
nicht noch mehr hinzu - sondern schau
was du in Zukunft weglassen kannst !**

EVOLUTION
entsteht durch sich selbst ......

Die Existenz „weiß" nicht was sie tut -
und das ist gut !

Sie gibt allem, was ist,
durch die unendliche Liebe,
die die Existenz erst ermöglicht,
die Fähigkeit der Entwicklung.

Die göttliche Quelle sitzt nicht
am Computer und entwirft
irgendwelche Evolutionsmodelle,
vielleicht für das kommende Jahr.

Evolution ist keine „Mode" !

**Die Existenz lässt zu,
dass sich alles was ist,
in absoluter Freiheit entfaltet.**

Ohne Urteil, ohne einen Gedanken
daran zu verschwenden wohin das führt,
versorgt sie ihre Schöpfung
mit liebevoller Energie.

 **ist**

die liebevolle Ausstrahlung
deiner SEELE!

Gelebte LIEBE ist die dir Selbst
bewusste Verbindung zur Quelle!

Es ist ungerichtete Liebesenergie,
die einfach fließt,
ohne sich darüber
Gedanken zu machen,
wohin.

Liebesenergie kann
nur gedankenlos sein,
da ihr Ursprung nicht der
Verstand ist.

AUS STRAHLUNG

Ganz im Gegenteil

schränken
Gedanken
den
Liebesfluss
ein.

Nur das Herz führt dich
über den Verstand hinaus

Der Verstand ist nicht das Problem,
aber deine Identifizierung mit ihm.

Der Verstand ist voller erlerntem Wissen,
also intellektuell,
und dieses Wissen
entstand in der Vergangenheit.

Es hat mit dem Moment nichts zu tun
und kann dir deswegen auch nur
sehr begrenzt nützlich sein.

Nur das Herz, dein liebevolles Bewusstsein,
führt dich über den Verstand hinaus.

INTELLIGENZ

Dein liebevolles Herzbewusstsein
ist voller Intelligenz, feuriger Lebendigkeit
und diese Intelligenz
kann in jedem Moment auf
die Informationen zugreifen,
die eben für diesen Moment notwendig sind.

**Diese Intelligenz ist das Leben selbst
und wird dir immer
die intelligenteste Lösung präsentieren,
wenn sie nicht durch den Intellekt
gestört wird.**

Du kannst das Leben
nicht er-reden...
nur zer-reden....
es lässt sich
nur er-leben!

Unser Alphabet hat nur eine
begrenzte Anzahl von Buchstaben
und daraus lassen sich nur eine
begrenzte Anzahl von Wörtern bilden.

Wie könnte man zu der Annahme kommen,
dass diese das Leben in seiner
Gesamtheit beschreiben könnten?

Worte müssen schon aufgrund
ihrer Begrenztheit bei dem Versuch
die Existenz zu beschreiben, fehl schlagen.
Das liegt in ihrer Natur.

LEBEN

Leben
kann
man
eben
nur

er-leben !

Der Weg zu dir
führt durch die
STILLE!

Der Weg
von der Unbewusstheit
zur Bewusstheit
führt dich in jedem Fall
durch die Stille.

Damit ist
die innere Stille gemeint,
die totale Entspannung
in den Moment.

Daran führt kein Weg vorbei.

STILLE

**Eigentlich ganz einfach -
doch in der heutigen Zeit die größte Hürde.**

In der Stille verstehen
dich nur Wesen,
die dich fühlen

Bist du schon mal
einem Reh begegnet?

Wenn du da ganz ruhig wirst,
am besten keine Bewegung des Körpers
und keine Bewegung des Geistes,

dann hast du gute Chancen,
dass ihr euch näher kommt!

Die
Stille
ermöglicht
die
Begegnung
der
Herzen!

**Tatsächlich kommen wir uns
in der Stille näher,
als jemals im Gespräch.**

Wenn du FREI sein willst,
dann beobachte
was dich unfrei macht!

Wer kann besser beurteilen,
als du Selbst,
als dein Selbst,
was dich unfrei macht?

Lerne dich zu beobachten
und dann lass alles los,
was dich unfrei macht.

Vielleicht erzeugt das
eine gewisse Angst in dir -
das ist ganz normal.

Du bist vollkommen frei
dein Los-lass-Tempo
selbst zu bestimmen.
Fang einfach mit etwas Kleinem an
und mach dann mit etwas Größerem weiter.

**ICH BIN
SO FREI**

So löst du dich nach und nach
von deinen Unfreiheiten

und der Erfolg im Kleinen
erschafft oft den Mut zum Großen

FLÜGEL

Der Vogel traut nicht dem Ast
auf dem er sitzt,
sondern seinen Flügeln!

Selbst ein Vogel kann nicht gleich
nach dem Schlüpfen fliegen,
aber die Fähigkeit ist in
ihm angelegt.

Genauso ist auch bei dir die Fähigkeit für
ein erfülltes, bewusstes Leben angelegt
für den Flug in die Freiheit,
egal welche Vergangenheit
dich auch daran hindern will.

Fliegen zu lernen ist für den
Verstandesmenschen in erster Linie
eine Frage der Entscheidung.

Für den herzorientierten Menschen
eine ganz natürliche Entwicklung.

Wenn du erst mal fliegen kannst,
was sollte dich dann noch aufhalten?

Vor was solltest du dich noch fürchten ?

Du kannst nicht mehr abstürzen,
denn du weißt ja nun wie man fliegt!

DER ANDERE
meint dich gar nicht!

Wenn du erkennst,
dass der Andere dich gar nicht meint,
sondern nur das Bild,
welches er von dir hat,

wird vieles leichter!

Eines der großen Probleme
die wir haben ist,
dass wir Äußerungen über uns
persönlich nehmen.

Dafür gibt es eigentlich keinen Grund,
denn egal was jemand über dich sagt,
eines ist sicher,
er meint dich gar nicht.

Er spricht nur über das Bild,
das er von dir hat.

BILD

Also wirklich ....
kann man das ernsthaft ernst nehmen ?

MEISTER
Wahrheiten

Die großen Meister haben uns
einfache Wahrheiten gegeben,
damit wir sehen lernen !

Wir aber schaffen es immer wieder
unsere Augen vor der Wahrheit
zu verschließen !

Es hat mittlerweile den Anschein,
als wäre Einfachheit nicht wertvoll.
Je komplizierter eine Technik ist,
desto besser, ausgereifter muss sie sein.

Das Leben, die Liebe, die Stille
und die Wahrheit
sind jedoch immer einfach.

EINFACH

Sie sind keine komplizierten Konzepte ....
sie sind einfach,
in doppelter Wortbedeutung!

EINFACH

EGO ... oh je !

Du kannst dein EGO nicht überzeugen...
es ist leider sehr egoistisch.

Wenn es sich meldet...schau es an...
umarme es....nimm seine Hand....
sag zu ihm:

IST SCHON GUT!

„Ist schon gut!"
.... und gehe weiter !

Entsorgung

Es wird dringend Zeit,
dass wir unseren geistigen Müll entsorgen.

Doch wohin damit ?

Wenn du deinen geistigen Müll richtig entsorgst,
entsteht keine Umweltverschmutzung.

Umweltverschmutzung entsteht nur,
wenn du diesen Müll weitergibst.

Entsorgen heißt nicht weitergeben,
sondern transformieren.

BE
WUSST
SEIN
IST

Für die Entsorgung geistigen Mülls,
hat die Schöpfung eine
wundervolle Verbrennungsanlage
in jedem Einzelnen geschaffen.

Sie nennt sich Bewusstsein !

INTELLIGENZ
Die Kunst des Beobachtens

Lerne zu beobachten ohne zu werten...
das ist die höchste Form
der INTELLIGENZ !

In dem Moment, indem du
dem was ist deinen persönlichen
Stempel aufdrückst, hast du
das was ist,
schon bewertet und verzerrt.

Um das was ist klar und
ohne Verzerrung wahrnehmen
zu können, also so wie es ist, ist
es unerlässlich, das was ist nicht zu
bewerten.

DAS DAS
WASSAW
IST IST

Dann hat, das was ist, auch keine Macht
mehr über dich.
Du wirst dann frei entscheiden können,
was du damit anfängst !

Gegner der Spontanität

Das "Aber" ist der beste Freund der Angst !

Das Leben kennt kein „Aber", ganz im Gegenteil zur Angst.

Die Angst lebt quasi vom „Aber".

Das Leben hingegen entfaltet sich immer spontan.

Es kennt weder Zögern noch Berechnen.

AUS

Das „Aber" ist die intellektuelle Ausrede des Egos, um nicht gänzlich ins Leben einzutauchen.

REDE

DAS EGO
der Ersatz für Liebe

Je stärker das Ego in dir wird,
desto weniger kann die Liebe
in dir wirken.

Es fungiert dann sozusagen als
Liebesersatz.

Es gaukelt dir vor,
dass das höchste Ziel
im Leben Sicherheit und Macht ist.

Es fängt an zu horten,
anstatt zu teilen
und spaltet sich somit
vom Rest der Menschheit
und allen anderen Wesen ab.

VERschwendung

**Liebe
verschwendet
sich
dagegen
im
Überschwang.**

WACHSTUM

geschieht nur in einem Raum,
den deine Gedanken
noch nicht betreten haben.

Erweiterung des Bewusstseins
setzt immer das Neue voraus.
Das Neue ist ein Raum,
den du noch nicht betreten hast.

Du kannst dich nicht im Alten verändern
und hoffen, dass alles so bleibt wie es ist
und trotzdem eine
Veränderung eintritt.

Diese Sehnsucht nach Veränderung
und Wachstum setzt
ein gewisses Maß an Mut voraus.

Sich nicht wohl zu fühlen
und trotzdem zu verharren,
nur noch in der Hoffnung,
dass es nicht noch schlechter wird,

ist aber keine schöne Alternative.

Offene Herzen

**Sei mutig, betrete freudig neue Räume,
mit offenen Armen und offenem Herzen!**

BESITZ
macht nicht glücklich

Wenn du etwas besitzen willst.....
stirbt die Liebe !

In dem Moment in dem du sagst:
„ Dies gehört mir - das ist meine Frau -
mein Kind...!" etc. wirst du übergriffig
und du ermächtigst dich,
über das was anscheinend dir gehört,
zu bestimmen und zu verfügen.

Liebe bestimmt oder verfügt aber
in keinem Fall.

Da sie keine Gedanken kennt und braucht,
verschwendet sie auch keinen Gedanken
an solch egoistische Überlegungen.

AUF

**Die Liebe stirbt mit jedem „Besitzenwollen"
und kann nur in völliger Freiheit aufblühen!**

BLÜHEN

SINN
des Lebens

Welchen SINN hat das Leben .... ?

Hier sei erlaubt zu fragen:
„Wer stellt diese Frage?"

Es ist deine Sehnsucht,
deine Sehnsucht nach dem Leben!

Vielleicht hast du ein erfülltes Leben,
durch all die Ablenkungen,
falschen Glaubenssätze,
die irrige Idee, mit dem Verstand
alle Probleme lösen zu können,
bisher verpasst.

Werde wieder ruhig
und gib der Liebe Raum,
dann wirst du erkennen,

das Leben selbst ist der Sinn ......

SINN

**... du Selbst
bist der SINN
deines Lebens !**

URSPRUNG

Angst kann niemals der Ursprung
von Liebe sein

Viele „Gemeinschaften" entspringen
der Angst davor einsam zu sein.
Partnerschaften, Glaubensgemeinschaften,
Vereine, Parteien u.s.w. .

Dass man „dazugehören" muss,
wird den armen Kindern
schon sehr früh „beigebracht".
Schade eigentlich!

Dadurch entwickelt sich die Angst davor
eben nicht dazu zu gehören.

Doch wie soll ein Kind in dieser Angst
sein Potential entfalten ?

Wie soll sich in dieser Angst
ein liebevoller Mensch entwickeln?

Wie soll sich aus der Angst vor Einsamkeit
eine liebevolle Partnerschaft entwickeln?

Wenn die Angst vor Einsamkeit
der Grund für die Partnerschaft war,
dann ist da keine Liebe,

**denn Angst kann niemals
der Ursprung von Liebe sein.**

GRUND

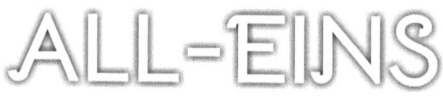

deine Wahre Natur

Erst wenn du entdeckst,
dass Einsamkeit deine wahre Natur ist.....
ist die Dunkelheit vorüber.

Du wirst sie dann allerdings nicht mehr
Einsamkeit nennen,

sondern All-Eins sein.

Das Ringen um Anerkennung und Erfolg
verebbt wie eine sanfte Welle am Strand.

Es entsteht ein tiefer Frieden in dir,
gleich einem warmen Sonnenaufgang.

Erkenne dich SELBST !

MEDIZIN
Die Medizin der neuen Zeit heißt "LIEBE"

Die Medizin der neuen Zeit
muss LIEBE heißen.

Warum „muss" ?

Weil alles, was nicht Liebe ist
in den heutigen Zustand geführt hat.

Die Verschmutzung des Geistes
hat zur Verschmutzung des Körpers
und allen anderen Verschmutzungen geführt.

Dadurch sind viele Krankheiten
und ist so viel Leid entstanden.

Das einzige Reinigungsmittel .....
das Allheilmittel ist zweifelsfrei
die LIEBE !

ERKENNE

Erkenne dich selbst und du erkennst
die LIEBE!

Es wird sehr viel über die Liebe
gesprochen und geschrieben.
Auch in diesem Buch !

Über was sollte auch sonst berichtet werden,
wenn es um die Gesundung
des Menschen geht?

Doch dieses Heilmittel ist dir
möglicherweise bisher sehr selten
begegnet.

Im täglichen Gewusel ist sie
schwer wahrzunehmen, weil es leider nur
sehr wenige Menschen gibt, die in Liebe sind.

Allerdings wenn ein liebevoller Mensch die
Liebe in dir berührt, kann er sie quasi erwecken!

Du trägst die Liebe in dir -
dort kannst du ihr am besten begegnen.

NATUR

Gehe dazu in die Natur,
da ist es einfacher.
Nimm einmal wahr,
wie die Natur dich aufnimmt,....
so wie du bist. Wie schön !

Vor allem, beobachte dich selbst!
Du kannst nur etwas kennen lernen,
in dem du es beobachtest!

**Dann erkennst dich selbst
und dadurch erkennst die Liebe!**

LEHRER

Es gibt zwei gute Lehrer im Leben.
Der erste Lehrer heißt Leid...
der zweite Lehrer heißt Erkenntnis!

Auf den Ersten könnte man verzichten,
aber auf den Zweiten niemals!

Gelebte Erkenntnisse verhindern,
dass sich der erste Lehrer
zu sehr in deine Angelegenheiten einmischt.

Diejenigen, die sich partout
den Lehren der Erkenntnis verweigern,
werden den Lehren des „Lehrers Leid"
folgen müssen.

Der „Lehrer Leid" ist, obwohl ihn eigentlich
fast niemand mag, ein guter Lehrer,
denn er wird dich,
wenn die Zeit dafür reif ist,
zum „Lehrer Erkenntnis" führen.

KEIN WEG

**An diesem Lehrer
führt kein Weg vorbei!**

WAHRHEIT

Solange du nicht ALLES riskierst,
wirst du die Wahrheit
und die Liebe nicht finden.

Was ist mit
„ALLES"
gemeint?

Mit „ALLES"
ist all das gemeint,
was nicht zu deinem
wahren SELBST gehört!
Mit dem Festhalten
an deinen alten „Wahrheiten",
wird dein Weg blockiert.

Schau das alles genau an!
Schau dich genau an!

AUF RECHT

**Erst wenn alles „Alte"
aus deinem Rucksack geflogen ist,
dann kannst du wieder
aufrecht gehen !**

BEWUSSTHEIT

Ohne Bewusstheit wirst du in Angst leben
und in Angst sterben

Ohne Bewusstheit wirst du Angst haben
dein Leben zu verpassen
und während du Angst hast
dein Leben zu verpassen,
wirst du dein Leben verpassen.

Dir dessen bewusst zu werden,
ist der erste Schritt,
um diesen Kreislauf zu verlassen.

Nun kann sich deine Bewusstheit
auf sämtliche Bereiche
deines Lebens ausdehnen,
um notwendige Änderungen einzuleiten.

Diese Bewusstseinserweiterung wird dir
auch die Angst vor dem unvermeidlichen
so genannten TOD nehmen.

Er wird wieder zu dem was er ist,
er ist die Tür zu einem anderen Leben !

**Mit "Bewusstheit",
wirst du in Freude leben
und in Freude sterben!**

VERSTAND

Das Auflösen des Egos befreit dich
aus dem Gefängnis des Verstandes!

Das Ego braucht Konzepte
um zu überleben.
Konzepte werden im Verstand entworfen.

Die Existenz ist allerdings kein Konzept.
Sie ist einfach.

Liebe ist kein Konzept.
Sie ist unbeschreiblich
und somit konzeptlos.
Sie ist einfach.

Ein Konzept kann
eine Zeit lang hilfreich sein,
aber wenn du es nicht beizeiten verlässt,
wird es lebensfeindlich
und zu deinem Gefängnis.

GOLDEN

Vielleicht mit goldenen Gittern,
aber auch ein Gefängnis
mit goldenen Gittern
bleibt ein Gefängnis.

Die meisten Menschen haben so viel
in den Schlaf investiert, dass sie
kein Interesse daran haben aufzuwachen.

„Wie, ich soll die Vergangenheit loslassen,
mit allen Konsequenzen?
All mein über die Jahre erworbenes Wissen
beiseite schieben?
Alles was ich in langer Mühsal
aufgebaut habe?"

Viele Menschen erkennen
in wachen Momenten,
dass irgendetwas nicht wirklich gut läuft.

Sie fühlen es tief in ihrem Inneren.
Sie besuchen Kurse, um tiefer in das Sein
zu blicken und aufzuwachen.

Sie fühlen sich nach diesen Wochenenden
oft glücklich und erfüllt.

Zuhause angekommen erwartet sie
allerdings wieder das alte, gewohnte Umfeld
und die heilsame, hochschwingende Energie
des Seminars flacht schneller ab
als man es eigentlich möchte.

Da heißt es, die Erkenntnisse des Seminars
im eigenen Umfeld zu leben.
Das birgt ein sehr hohes Risiko
und nur Wenige sind bereit
dieses Risiko einzugehen.

**Es wurde einfach zu viel
in den Schlaf investiert!**

AUSSEN

Kein Außen kann
ohne ein Innen existieren!

Gibt es diese innere Welt,
von der so viele reden, überhaupt?

Allein die Tatsache eines Außen....
beweist die Existenz eines Innen.

Lenke deine Sinne einfach nach Innen
und du wirst diese wundervolle Welt,
diese Quelle der Schöpfung
über kurz oder lang finden.

Suchst du allerdings im Außen,
wirst du das Innen nicht finden.

**Klingt überzeugend
... oder etwa nicht?**

EINFACH SEIN

Einfach nur sein... das ist genug!
Nicht dies oder das sein .... einfach nur sein!

In unserer Gesellschaft genügt es
leider nicht ... einfach zu sein.
Das Sein an für sich hat keine Wertigkeit.

Du musst etwas leisten
Du musst immer besser werden
Du musst dich mit den Anderen messen
Du musst Arzt, Manager
oder sonst was werden.....!

Aus dir muss erstmal etwas werden...
sonst bist du werd(t)los !

Wie ver-rückt ist das denn ?

LOSLASSEN

Von Allem was du loslässt bist du befreit

Sich von etwas
zu befreien heißt

dies loszulassen.

Das, woran du
nicht mehr festhälst,

hält auch nicht mehr an dir fest.

Macht

Es verliert ganz und gar seine Macht über dich!

GOTT

Je mehr du dich dir selbst näherst,
desto näher bist du bei Gott!

Der Ursprung des Seins,
also die Schöpfung,
liegt im Sein selbst
und die Kraft,
die wir Gott nennen,
wirkt durch seine Schöpfungen!

Also wirkt die Kraft Gottes durch DICH!

Die meisten Menschen sind aber so weit
von sich selbst entfernt,
dass sie Gott ausschließlich
im Außen suchen ....

vergeblich!

ERKENNE GOTT

Erkenne dich selbst ...
und du erkennst Gott

in allem!

DENKEN

Wenn das Denken verblasst ...
entwickelt sich Liebe, Mitgefühl
und Demut von ganz alleine

Liebe, Mitgefühl und Demut
lassen sich nicht erdenken.

Sie sind schon in dir vorhanden
und möchten ganz von selbst,
ganz natürlich in dir aufsteigen
und wirken.

Das Denken steht dem nur im Wege
und kann diesen Vorgang
in keiner Weise unterstützen.

**Das Denken dient der Ablenkung
und entführt dich aus
dem Zauber des Moments.**

DEINE WAHRE NATUR

Frieden ist deine wahre Natur

Genauso wie die Liebe
ist auch der Frieden
schon in dir
angelegt.

Falls du ihn vermisst,
dann kannst du ihn
nur in dir selbst finden.

Werde ruhig,
Werde still,

FRIEDE

FRIEDE

und du wirst nach und nach,
wie von selbst,
immer friedlicher.

EIN WEISER

Ein Gelehrter wird deine Fragen beantworten......
Ein Weiser wird deine Fragen auflösen

Philosophen sind meist sehr gelehrte
und geschulte Menschen
haben vom Leben oft nur
sehr wenig Ahnung.

Allerdings verstehen sie sich sehr gut
in Konzepten.
In ihren Konzepten... versteht sich.

Falls du eine Frage an einen
gelehrten Menschen richtest,
wird er dir sofort mit einer Antwort,
die sein Konzept erlaubt,
zur Seite stehen wollen.

Ein weiser Mensch braucht
nicht mal lesen zu können.
Er hat die Existenz erfahren und erfasst.
Er wird deine Frage durch liebevolle Worte
und seine liebevolle Präsenz auflösen.

Wenn du den Gelehrten verlässt,
nimmst du 100 weitere Fragen mit !

Wenn du den Weisen verlässt ....
bist du glücklich !

SELBST

Je mehr du dich deinem SELBST annäherst...
desto mehr läuft es wie von SELBST!

Du kennst doch den Ausspruch:
„Das läuft ja wie von Selbst!"
Damit ist gemeint, daß sich dein Vorhaben
ganz leicht, ohne Probleme,
wie von Selbst entwickelt.
Spielerisch und freudig.

Das ist eine sehr wichtige Aussage!

Wenn du dein Selbst erkannt hast,
dann weißt du, dass das Leben,
die Existenz am besten für dich sorgen kann,
wenn du dich nicht zu sehr einmischt.

Mit du, ist dein Ego gemeint.
Es will alles genau planen,
will dein Vorhaben schon bevor es
gestartet ist absichern
und ein ganz bestimmtes Ergebnis erreichen.

VORHABEN

Diese Vorgehensweise ist widernatürlich
und birgt in sich schon die
verschiedensten Probleme.

Dein Vorhaben dem Leben anzuvertrauen,
lässt dem Leben den nötigen
Spielraum, damit es sich
ganz natürlich entfalten kann.

Dann läuft es wie von SELBST !

ist alles, was du brauchst

Um Erkenntnis zu erlangen
brauchst du keine Bücher.....
du brauchst Bereitschaft

Damit aus Erkenntnis Weisheit wird ......
brauchst du Tiefe

Um Tiefe zu erreichen......
brauchst du Stille

NICHTS

**Um in der Stille Liebe zu erfahren....
brauchst du nichts**

Alle Dunkelheit der Welt kann das Licht
einer einzigen Kerze nicht auslöschen !!!
Konfuzius

Anders ausgedrückt,
erhellt das kleinste Licht
die Dunkelheit.

Wenn du wieder mal „denkst",
was kann ich alleine schon bewirken,
dann sei dir dieser Einsicht
ganz bewusst.

RETTEN

Du erkennst dann,
dass es nicht darum geht
die Welt zu retten,
sondern darum,

**eben das zu tun,
was in deiner Macht steht.**

SELBSTERKENNTNIS
aber wie?

Wie erreiche ich Selbsterkenntnis?

Erkenntnis erreicht man ganz grundsätzlich
durch beobachten und ausprobieren
bzw. umsetzen.

Willst du dich selbst erkennen,
dann solltest du dich selbst beobachten.
Ganz einfach also!
So entsteht allmählich Selbsterkenntnis.

Beobachte dich selbst ohne zu urteilen,
einfach nur beobachten.
Deinen Körper ...
deine Gefühle ...
deine Gedanken!

SCHATZ

So erkennst du dich immer mehr
und du wirst den
größten Schatz
deines Lebens entdecken ....

DICH selbst !

REDNER

Hüte dich vor Menschen, die viel reden.
Höre aber aufmerksam zu,
wenn jemand etwas zu sagen hat!

Durch die Informationsflut, die täglich,
ja stündlich, eigentlich permanent
auf uns zuströmt
sind die meisten Menschen voll...!

Es ist kein Platz mehr da
für eigene Gedanken,
weil der Speicher voll ist.

Diese Informationen wollen natürlich
weitergegeben werden
und so entsteht oftmals ein
nicht endenwollender Schwall an Worten,
der beim Zuhörer manchmal
nichts anderes erzeugt
als Energieverlust und Verwirrung.

Langweilige Wiederholungen
von schon mal Gehörtem,
ähnlich wie ein Computer im Repeat- Modus.

Papageien im Menschenkleid
plappern vor sich hin.

Ein einziger Satz von einem erwachten Menschen
kann dich dagegen ein Leben lang erfüllen....

ohne, dass du jemals VOLL wirst!

weitet die Seele

Humor ist eine göttliche Eigenschaft!

Er entsteht ungeplant und im Moment.

Dieser göttliche Humor entwickelt sich
allerdings nur in gleichem Maße,
wie die Fähigkeit über sich selbst
lachen zu können.

Mit der Erweiterung des Bewusstseins,
geht gleichzeitig auch
die Erweiterung dessen,
worüber wir schmunzeln können,
einher.

LÄCHELN

Einen Weisen erkennst du am leichtesten
an seinem entspannten Lächeln
und an seinem Wesen
die Dinge

nicht so ernst zu nehmen.

LIEBE MACHT BLIND ?

Ganz im Gegenteil...
ohne Liebe
bist du blind!

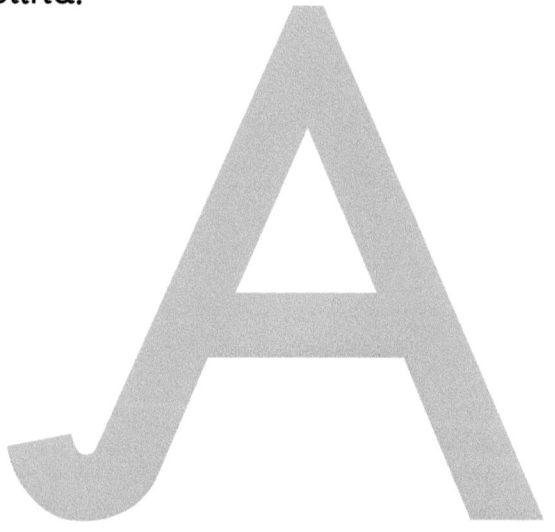

**Wie könnte LIEBE blind machen?
Sie erst öffnet dir die Augen!**

SCHMETTERLINGE

Wenn Raupen denken könnten...
gäbe es keine Schmetterlinge!

Sie würden vielleicht denken:
„ Oh je, was passiert denn nun,
wenn ich mich verpuppe,
vielleicht bekomme ich keine Luft
und ersticke.
Ich kann nichts mehr essen
und werde verhungern,
oder wenn mich ein hungriges Tier
in diesem Zustand entdeckt,
kann ich mich nicht wehren
und bin verloren.

Was passiert denn nach der Verpuppung?
Ich habe gehört man soll dann Flügel haben
und fliegen können.

Wie soll das denn funktionieren?
Was, wenn ich abstürze?

Ich bleibe lieber so, wie ich bin!"

RAUPEN

Ja, ja,
wenn
Raupen
denken
könnten......!

GLÜCK

Es scheint nicht leicht,
das Glück in sich selbst zu finden,
aber es ist unmöglich es woanders zu finden.

Eines der größten Irrtümer,
wenn nicht sogar der größte Irrtum
der Menschen, ist der Glaube daran,
dass etwas im Außen dafür sorgen kann,
dass man glücklich wird.

Etwas im Außen kann für eine kurze Zeit
eine Sehnsucht stillen
und somit ein gewisses Wohlgefühl erzeugen.
Ein neues Auto, ein Gewinn in einer Lotterie,
ein neuer Partner, ein Haus, etc. .

Doch dies ist mit Glück nicht gemeint.

Wahres Glück kann niemals
von Äußerlichkeiten abhängig sein
und braucht keinen Grund !

Deswegen wirst du es nur tief
in dir selbst finden können.
Es entfaltet sich mit jedem Schritt,
den du auf dich zu gehst.

**Unabhängig
von äußeren Umständen.**

DER PLAN

Je genauer du das Leben planst,
desto mehr verpasst du das Leben,
das auf dich wartet!

Es gibt einen weisen Spruch:
„Wenn du Gott zum Lachen bringen willst,
dann mach einen Plan!"

Mit jedem Plan, mit jedem Konzept
engst du das Leben ein!
Vor allem dann, wenn du dieses Konzept
hartnäckig verfolgst
und dabei die Chancen verpasst,
die dir auf deinem Weg begegnen.

Das Leben kann dich nur zum
„Meer der Möglichkeiten" führen,
wenn du es nicht einengst
und in ein Konzept presst.

Gehe deinen Weg und staune über
die Vielfalt und Fülle an Möglichkeiten.

Wenn sich dann
eine Türe schließt .....

gehen 10 Türen auf !

BEHANDLUNG

Die Art und Weise, wie dich ein Mensch
behandelt, zeigt auf was für ein Mensch ER ist!
Nicht was für ein Mensch DU bist!

Wenn jemand
auf die verrückte Idee kommt,

du solltest jemand anders sein,
als der, der du gerade bist

und dich deswegen schlecht behandelt,
oder dich beschimpft,
dann heißt das
ganz und gar nicht,

dass mit dir irgendetwas
nicht stimmt.

Es heißt aber ganz sicher, dass mit ihm irgendetwas nicht stimmt.

DIE LIEBE

Ich bin nicht hier um dich zu lehren,
sondern um dich zu lieben.
Die Liebe wird dich lehren!

Eine der wohl schönsten Erkenntnisse
in meinem Leben.

Wie viel Freiheit, wie viel Glück
sind darin enthalten ?

Du brauchst nicht Recht haben
Du brauchst dich nicht zu rechtfertigen

**Es reicht vollkommen aus ...
einfach nur zu lieben !**

Die aufregendste Reise ist die Reise
nach INNEN!

Entgegen der weit verbreiteten Meinung,
ist die aufregendste Reise
nicht die Reise in ein anderes Land,
sondern die Reise in dein
INNERSTES!

Das ist das Ziel deiner Existenz -
zu erkennen wer du bist!

Du bist nicht hier inkarniert
um z.B. Buchhalter zu werden.
Vielleicht übst du diesen Beruf aus
und machst die Erfahrung wie es sich
anfühlt Buchhalter zu sein.

Das ist O.K., doch das war nicht der Grund
deiner Inkarnation.

Der Grund jeder Inkarnation ist
zuallererst dich selbst zu erkennen!

Diese Reise zu dir selbst
und die Entdeckungen,
die du dabei zwangsläufig machst,
ist die aufregendste Reise

und das Ziel deines Lebens!

DU SELBST

Bleib einfach du selbst...
und lass die anderen reden!

Eine der wohl schwierigsten
Übungen für uns ist die Übung,
nicht darauf zu reagieren,
wenn andere über uns reden,
vor allem wenn sie schlecht reden.

Allein schon die Möglichkeit
jagt uns Angst und Schrecken ein.

Wir wollen gemocht werden ... dazugehören
... respektvoll behandelt werden.
Wenn du das möchtest, dann musst du dich
auch so verhalten, wie die Anderen es von
dir verlangen.

Wenn du allerdings du selbst sein möchtest,
wird es nicht lange dauern
und dein Umfeld wird dir sagen,
was du alles ändern musst
um „dazuzugehören"!

JA NEIN

Nun steht eine Entscheidung an.
Du musst dich entscheiden,
ob du zu dieser Gesellschaft gehören
möchtest oder nicht.

Wenn du bei dir bleibst,
wirst du Menschen anziehen,
die auch sie selbst bleiben wollen.

Eine Gesellschaft der reifen
und liebenden Menschen entsteht.

Hab Geduld !

VERSTAND

Ein Gedanke an für sich ist harmlos...
es liegt an dir, was du daraus machst!

Wir haben nicht nur „schöne" Gedanken,
manchmal tauchen auch Gedanken auf,
die Angst, Zweifel, Unsicherheit etc.
in uns erzeugen.

Dabei ist ein Gedanke an und für sich
recht harmlos, aber unsere Reaktion
auf diesen Gedanken kann sehr heftig sein.

Um Gedanken ihre Wirkkraft zu nehmen
und dann selbst zu entscheiden,
was ich und ob ich überhaupt etwas
mit ihm anfange, reicht es aus
ihn zu beobachten ohne ihn zu bewerten.

Er wird sehr schnell wieder das was er ist ...
nur ein Gedanke!

GEDANKE

Mit etwas Übung wirst du Herr/Frau
deiner Gedanken und sie verlieren
ihre Macht über dich.

Hab auch hier etwas Geduld!

FREIHEIT
ist die Stille des Verstandes!

Wie, wir sind erst frei,
wenn wir unseren Verstand verlieren?

So könnte man es ausdrücken,
aber du brauchst ihn
nicht gleich zu verlieren,
es reicht vollkommen aus,
wenn er still wird.

Wenn der Verstand ruhig wird
eröffnet sich dir die Existenz so,
wie sie ist.

Jeshua hat anscheinend gesagt:
„Ich bin nicht von dieser Welt!"
Damit hat er nicht gemeint
er sei ein außerirdischer Alien.
Er hat nur erkannt,
dass die Welt der Menschen vom Verstand
bestimmt wird,
während seine Welt
vom Herzen bestimmt wird.

exISTenz

**Die Welt ist vom Verstand besessen
und „er" hat die Liebe, Wahrheit
und die Freiheit gelebt.**

**Alles Eigenschaften
bei denen der Verstand nicht benötigt wird.**

Die schönste Friedensdemonstration ist........
in Frieden zu SEIN!

Warum gibt es keinen Frieden
auf diesem schönen Planeten?

Weil das Bewusstsein
der meisten Menschen
das Feld der Liebe
noch nicht erreicht hat.

KIND DER LIEBE

Frieden
ist
ein
Kind
der
Liebe!

GEGENSEITIG
Sich gegenseitig gut tun... darum geht es!

Stell dir das mal vor, das Leben
würde von der Frage bestimmt werden:

„Was kann ich dem Anderen Gutes tun?"

Schließ ruhig mal kurz die Augen
und spüre diese wohlwollende Energie!

Kein Mensch bräuchte sich Sorgen machen,
weil alle anderen für ihn sorgen würden
und er für alle Anderen!

WOHL
WOLLEN
WOLLEN
WOHL

WOHLWOLLEN !
sollte die Währung der Zukunft sein

SCHRIFTEN

„Wahrlich ich sage euch,
die Schriften sind das Werk der Menschen,
aber das Leben und all seine Heerscharen
sind die Werke des Lebendigen!"

Dies sind Worte die Jeshua gesagt haben soll.
Die „Original - Aufzeichnungen" der Schreiber
sollen im Keller des Vatikans verborgen sein.

Gemeint ist damit, „alles" Geschriebene
wurde von Menschen geschrieben
und ist somit durchdrungen vom Ego
und der Absicht des Schreibers.

Es ist nicht rein, wenn der Schreiber
nicht rein war.

NUR DORT

**Das Leben,
draußen in der Natur
... ist pur!
Die reinen Lehren
des Lebens
in all seiner Vielfalt
sind nur dort zu finden!**

Nachwörter

So, nun ist das Jahr vorbei und was nun?
Ich habe sicherheitshalber schon mal
3 weitere Tropfen hinzugefügt.
Nun kannst du um 3 Wochen verlängern:-))

Übrigens gebe ich auch Seminare
über all diese Themen, eben über das LEBEN.
**Dabei geht es mir niemals darum
dich zu belehren.
Es geht mit darum dich zu begleiten!**

Solltest du meine Begleitung wünschen,
dann melde dich einfach bei mir.

Du kannst ja vorher schon mal
auf unsere Webseite gehen,
die ich zusammen mit meiner
Partnerin Laura`Adjana
inhaltlich gestalte.

Ich freue mich von dir zu hören!
VASUMITRA

www.welten-wanderer.de
info@welten-wanderer.de

Die letzten ca. 25 Jahre habe ich Menschen
begleitet als Yoga,-Meditations-, oder
Atemlehrer, sowie auch als schamanischer
Heiler und Ausbilder.

Es war mir immer eine große Freude
die positiven Entwicklungen zu beobachten.

**Der Weg ist das Ziel und vielleicht treffen
unserer Wege ja aufeinander,
und wir gehen ein Stück gemeinsam.**